AF495064

MIDI A QUATORZE HEURES

COMEDIE-VAUDEVILLE EN UN ACTE

PAR

M. THEODORE BARRIÈRE

Représentée pour la première fois, à Paris, sur le théâtre du Gymnase-Dramatique, le 9 avril 1851.

Distribution de la pièce.

MARCELLY, avoué, (trente-cinq ans)	MM.	NUMA.
FERNAND, cousin de Marcelly et son premier clerc, (vingt-cinq ans)		LANDROL fils.
GRÉGORET, avoué, (cinquante ans)		MONVAL.
GERMAIN, domestique de Marcelly		PRISTON.
CAMILLE, femme de Marcelly, (vingt ans)	Mlles	LUTHER.
ANGÈLE, veuve, amie de Camille, (vingt-quatre ans)		DUVERGER.

S'adresser, pour la musique, à M. Jubin, chef de copie de musique au théâtre du Gymnase.

1851

MIDI A QUATORZE HEURES.

Un petit salon; deux portes au fond, dans les angles de droite et de gauche. — Au fond, au milieu, une cheminée, et au-dessus une glace sans tain, par laquelle on voit dans le jardin ; au premier plan, à gauche, un piano avec de la musique dessus ; à droite, une causeuse, et, devant, une table à ouvrage. Au milieu du salon un guéridon.

SCENE PREMIERE.

MARCELLY, GERMAIN.

Marcelly est debout devant une glace qui est à gauche, au-dessus du piano, et achève sa toilette. — Germain lui présente une cravate.

MARCELLY.

Non, pas celle-là... la vieille.

GERMAIN, *lui donnant une autre cravate.*

Voilà, monsieur.

MARCELLY, *à part.*

Elle est affreuse !... enfin !

GERMAIN, *même jeu.*

L'habit de monsieur !

MARCELLY.

Pas celui-là... le vieux !... Oh ! que c'est ennuyeux, un nouveau domestique ! il faut tout lui dire.

GERMAIN.

Monsieur ne mettra donc jamais son bel habit neuf ?

MARCELLY.

Je le mettrai quand il sera vieux.

GERMAIN.

Tiens !

MARCELLY.

D'ailleurs, je l'ai déjà mis.... une fois.... pour aller faire des visites.

GERMAIN.

Ah ! oui... avec madame...

MARCELLY.

Donne-moi mon chapeau.

GERMAIN.

V'la le vieux.

MARCELLY.

Bien.

GERMAIN.

C'est drôle, monsieur ne s'habille jamais quand il sort sans madame.

MARCELLY.

Tu m'ennuies. (*Très-haut.*) D'ailleurs, est-ce qu'on a besoin de toilette quand on sort tout seul (*encore plus haut, en se retournant vers la droite*) pour ses affaires?

GERMAIN.

Tiens... comme monsieur crie...

MARCELLY.

Tu m'ennuies, va-t'en.

GERMAIN, *à part.*

C'est pas la peine d'avoir des habits pour ne les mettre jamais. (*Haut.*) Je vas atteler le cheval.

MARCELLY.

Oui le vieux... (*Se reprenant.*) Va-t'en donc, je te dis que tu m'ennuies.

GERMAIN.

Parce que je vas atteler le cheval? Tiens, c'est drôle. (*Il sort par le fond à gauche.*)

SCENE II.

MARCELLY, *seul, se regardant dans la glace.*

Pauvre Marcelly! as-tu l'air assez avoué, mon bonhomme ? Et toi, Camille, ma femme, diable de petit ange!... pourras-tu me soupçonner de courir le guilledou dans ce costume-là..... une femme jalouse! c'est gentil!... mais c'est ennuyeux!... Voyons? où dois-je aller? chez monsieur Janodet pour cette liquidation, ou chez madame Guingand? Madame Guingand, c'est une vieille !... ma femme m'a interdit les clientes au-dessous de cinquante ans... j'ai été obligé de m'arranger avec Grégoret, un confrère... il m'envoie les vieilles, et moi je lui envoie les jeunes... je suis avoué en vieux. C'est humiliant!.. Enfin!... où dois-je aller d'abord? Je ne sais plus ce que j'ai fait de mon carnet... Je suis sûr que Camille me l'a dérobé pour voir s'il ne renfermait pas quelque pièce accusatrice... (*Il cherche dans ses poches et sur la cheminée.*) Ça, ça m'est égal... je n'ai rien à craindre... je lui ai même ordonné de décacheter toutes mes lettres! et elle m'a obéi... Eh bien ça ne fait rien... elle me soupçonne tout de même... à la promenade, avec elle, je n'ose pas lever les yeux... je connais le macadam, allez!... ça n'est pas drôle!... au spectacle, je n'ose pas regarder les actrices... je lis le *Moniteur*... toute la soirée... Ah! cependant si, une fois, elle m'a prêté sa lorgnette pendant tout un spectacle, au Palais-Royal, chez Séraphin, c'était bien joué!... Ah! une femme jalouse... c'est gentil... mais c'est ennuyeux... Je m'en vais chez monsieur Janodet et chez madame Guingand... (*Il remonte.*)

SCENE III.

MARCELLY, FERNAND.

FERNAND, *entrant précipitamment par le fond, à droite.*
Ah! tu n'es pas parti... tant mieux...

MARCELLY.
Oui, mais je vais partir; tant pis.

FERNAND.
Il faut que je te parle.

MARCELLY.
Monsieur Fernand, s'agit-il des affaires de l'étude ?

FERNAND.
Non. Il s'agit d'une affaire de cœur.

MARCELLY.
Ce n'est pas ma partie... adieu.

FERNAND.
Marcelly !

MARCELLY.
Voyons?... es-tu mon premier clerc? ou n'es-tu pas mon premier clerc?

FERNAND.
Eh bien... et toi? es-tu, oui ou non, mon cousin?

MARCELLY.
Je suis ton cousin... mais aux heures des repas seulement... et le soir, quand l'étude est fermée.

FERNAND.
Mais mon cher Marcelly je suis amoureux.

MARCELLY.
Chut!

FERNAND.
Amoureux fou d'Angèle.

MARCELLY.
Veux-tu te taire.

FERNAND.
De madame de Férieux, l'amie de ta femme... cette jeune veuve si charmante!... si!...

MARCELLY, *effrayé.*
Veux-tu bien ne pas parler de femme ici!

FERNAND, *à mi-voix.*
Imagine-toi, mon ami, que, tout à l'heure, en copiant une minute concernant son procès...

MARCELLY.
Son procès?... quel procès?...

FERNAND.
Le procès qu'elle soutient contre un petit cousin de feu son mari.

MARCELLY.
Comment? c'est nous qui avons cette affaire-là... Tu ne l'as pas envoyée à Gregoret?

FERNAND.

Par exemple !

MARCELLY.

Mais malheureux ! est-ce que tu ignores que madame de Férieux n'a pas cinquante ans ?

FERNAND.

Non, pardieu !

MARCELLY.

Alors tu es un serpent que j'ai réchauffé dans mon étude ?

FERNAND.

Explique-toi !

MARCELLY.

Tu ne sais donc pas que Camille, que ma femme est née au Bengale pour la jalousie.

FERNAND.

Qu'est-ce que cela fait à...

MARCELLY.

Cela fait qu'elle est jalouse de toutes les femmes en général, et d'Angèle en particulier.

FERNAND.

Qu'importe puisque c'est moi qui suis amoureux.

MARCELLY.

Je sais bien, mais...

FERNAND.

Ah ! mon ami, je l'aime plus que la vie... et tout à l'heure en parcourant une des pièces du procès, j'ai tremblé pour mon amour, car ce cousin qui plaide contre elle aujourd'hui, lui a fait la cour autrefois, et si pour terminer le débat ?...

MARCELLY.

Elle l'épousait ? Eh bien ! tant mieux, Camille n'aurait peut-être plus de soupçons.

FERNAND.

Mais si j'épouse Angèle, le but est atteint, je crois ?

MARCELLY.

Epouse-la si tu veux, mais à l'heure des repas, quand l'étude sera fermée.

FERNAND.

C'est que je voulais te prier de lui dire que je l'aime.

MARCELLY.

Que je l'aime... (*Effrayé et se reprenant.*) Que tu l'aimes...

FERNAND, *bas.*

Que je mourrai si je ne suis pas son mari.

MARCELLY.

Veux-tu bien ne pas parler tout bas... que si Camille venait elle croirait que nous complotons.

FERNAND, *haut.*

Ainsi tu plaideras ma cause auprès d'Angèle?

MARCELLY.

Mais ne crie donc pas comme ça.

FERNAND.

Comment veux-tu que je parle?

MARCELLY.

Ne parle pas du tout, va-t-en.

FERNAND.

Ah ! Marcelly, tu n'as guère d'amitié pour moi...

MARCELLY.

Mais si animal... j'en ai... j'en ai beaucoup, mais je suis très-embarrassé... Je voudrais bien te voir à ma place... car j'ai beau faire, Camille trouve partout matière à soupçons... Je ne sais plus comment me retourner...

AIR : *Restez, restez, troupe jolie.*

Elle interprète mon silence,
Elle interprète chaque mot ;
Elle condamne ma présence,
Si je suis absent, aussitôt,
Je suis condamné par défaut.
Un cheveu devient une trame,
Son cœur devient un tribunal ;
En un mot, l'amour de ma femme,
S'est fait procureur général.

FERNAND.

Pauvre Marcelly !

MARCELLY.

Tiens, par exemple, je suis très-caressant, c'est dans ma nature, et dame, tu comprends? moi, j'embrassais ma femme, je l'embrassais souvent, tous les jours, plusieurs fois ! Eh bien ! elle m'a dit que puisque j'aimais tant à embrasser, je devais en embrasser d'autres... je te dis que c'est très-embarrassant !... Depuis huit jours, madame de Férieux avait cessé ses visites, et maintenant, elle va revenir, grâce à toi, clerc imprudent, cousin infidèle...

FERNAND.

Il me vient une idée.., si tu priais ta femme de parler pour moi à son amie?

MARCELLY.

Ah ! c'est peut-être un moyen... Ça détruira ses... Ah bien ! oui... mais elle croira que c'est un coup monté ! Car Angèle ne peut se marier avant la fin de son deuil, et... J'aime mieux ne me mêler de rien... laisse-moi tranquille !...

FERNAND.

Ce soir nous reparlerons de cela, n'est-ce pas?

MARCELLY.

Oui... tais-toi... voilà Camille.

FERNAND, *bas.*

Jure-le moi! songe qu'il y va de ma vie, de mon bonheur! et que...

MARCELLY, *effrayé.*

Mais parle-moi donc d'affaires, animal!

FERNAND.

Ah! oui... oui... (*Camille paraît à droite.*)

SCENE IV.

LES MÊMES, CAMILLE.

FERNAND, *a pris un code, l'a ouvert au hasard et lit.*

« Tous les biens de la femme qui ne sont pas constitués en dot sont paraphernaux. »

MARCELLY, *tout en regardant Camille du coin de l'œil.*

Ah! tu vois bien... et puis plus bas, tiens... (*Il lit.*) « La femme a l'administration et la jouissance de ses biens paraphernaux. »

FERNAND.

Oui, tu avais raison, et comme feu monsieur de Férieux a joui des biens paraphernaux de sa femme...

MARCELLY, *le poussant.*

Hem... hem...

FERNAND.

La succession doit...

CAMILLE, *s'avançant, à Marcelly.*

Vous ne m'aviez pas dit, mon ami, que vous fussiez chargé du procès d'Angèle.

MARCELLY, *à part.* *

Maladroit!

FERNAND, *troublé.*

Mon cousin n'y a pas pensé...

MARCELLY.

Mais du tout... ça n'est pas ça... puisque je ne savais pas... Fernand vient de me le dire à l'instant.

CAMILLE.

Ah!

MARCELLY.

Je lui ai même donné un galop... n'est-ce pas que je t'ai donné un galop?

* Fernand, Camille, Marcelly.

FERNAND, *troublé.*

Hein?... Ah! oui...

CAMILLE, *riant.*

Soyez donc à votre réplique, monsieur Fernand.

MARCELLY.

Tu crois que nous jouons une comédie, n'est-ce pas?

CAMILLE, *s'asseyant à droite sur le canapé et prenant son ouvrage d'aiguille.*

Moi... je ne crois rien.

MARCELLY.

C'est terrible çà... ça ne s'est jamais vu. (*Il remonte.*)

CAMILLE, *calme.*

A qui en avez-vous? je ne vous dis rien.... vous sortez?

MARCELLY.

Oui, je sors... il faut bien que j'aille au palais... est-ce que tu ne veux pas que j'aille au palais?

CAMILLE.

Qui vous parle de cela? il me semble que vous êtes libre.

MARCELLY.

Parbleu! ça serait gentil que je ne fusse pas libre de faire mes affaires?... je ne sors pas pour mon plaisir.

CAMILLE.

Que signifie cette querelle que vous me cherchez?..

MARCELLY.

Je ne cherche pas de querelle... mais... je... voyons... adieu, ma petite Camille!... je serai un peu longtemps parce que, en sortant du palais, il faudra que j'aille chez Bonnefoi... Bonnefoi! tu sais? le notaire?

CAMILLE, *lui donnant son carnet.*

Je croyais que vous deviez aller chez M. Janodet.

MARCELLY.

J'irai après.

CAMILLE.

Ah! très-bien... c'est que vous m'avez dit hier qu'on ne trouvait M. Janodet qu'à dix heures.

MARCELLY.

Dix ou onze... quand on dit : dix heures... ça veut dire... Ah! tiens, tu me fais tourner la tête...

CAMILLE.

Il est vrai que je ne sais à quoi vous pensez.

MARCELLY, *à part.*

Ah! ma foi, j'aime encore mieux lui dire... (*Haut.*) Ecoute, ma petite Camille, Fernand et moi nous avons un secret...

* Fernand, Marcelly, Camille.

CAMILLE, *se levant.*

Je m'en doutais.

MARCELLY.

Nous avons... c'est-à-dire que c'est lui... c'est lui qui m'a confié un secret... et je vais te le confier à mon tour. Fernand est amoureux. (*Fernand fait un signe de joie et d'encouragement à Marcelly.*)

MARCELLY, *voyant que Camille a remarqué le mouvement, à Fernand.*

Qu'as-tu besoin de me faire des signes télégraphiques? (*Camille sourit.*)

MARCELLY.

C'est vrai, ça... tu es content, n'est-ce pas? que je dise à Camille que tu es amoureux de son amie Angèle, et tu m'encourages...

FERNAND.

Sans doute...

MARCELLY.

Eh bien... encourage-moi tout haut... il n'y a pas de mystère à ça.

CAMILLE.

Mon mari a raison, Monsieur, vous avez l'air tout embarrassé.

FERNAND.

Mon Dieu! Madame... je... je ne croyais pas que mon cousin consentirait à vous prier de... parler pour moi, et... la joie... le...

MARCELLY, *qui souffre des hésitations de Fernand.*

Mais va donc... mais va donc... oh! ces amoureux... c'est gauche, timide... embarrassé...

CAMILLE, *avec intention.*

Oh! pas tous!...

MARCELLY, *à part.*

Pas tous? Bien... qu'est-ce que je disais? c'est cet animal-là qui est cause... (*Bas à Fernand.*) Tiens, va-t'en au diable.

FERNAND, *à part.*

Ma foi! j'aime autant ça.

CAMILLE, *d'un ton singulier.*

Soyez tranquille, monsieur Fernand, je parlerai pour vous à mon amie... je vous le promets...

FERNAND.

Que de bontés. Madame... (*Troublé de plus en plus par le regard de Camille.*) Ma cousine, je vous salue...

* Marcelly, Camille, Fernand.

ENSEMBLE.

Air de la *Pery.*

CAMILLE, *à part.*

La crainte me domine,
Bientôt, je le devine,
Mes soupçons jaloux
Vont se confirmer tous.

MARCELLY, *à part.*

Comme elle m'examine !
Déjà, je le devine,
Ses soupçons jaloux
Accusent son époux.

FERNAND, *à part.*

Encor l'humeur chagrine,
De ma chère cousine,
Ses regards jaloux
Accusent son époux.

(*Il sort par le fond, à droite.*)

SCÈNE V.

MARCELLY, CAMILLE.

MARCELLY.

Voyons, Camille, expliquons-nous? sois franche! tu crois que c'est un complot, que je suis amoureux de madame de Férieux, et que Fernand n'est qu'un plastron, n'est-ce pas?

CAMILLE.

Ah! par exemple! quelle imaginative! je ne sais où vous allez chercher ce que vous dites...

MARCELLY.

Il n'en est rien?... tant mieux!... car tu comprends que tes soupçons n'auraient pas le sens commun... Est-ce que je peux aimer une autre femme que toi? où donc en trouverais-je une aussi jolie que ma petite Camille... une qui possédât ce doux regard, ce charmant sourire!

Air d'*Henri IV.*

Par ton mari, Camille, chaque jour,
Lorsque tu te vois entourée,
De tant de respect et d'amour,
Comment, sur ton pouvoir n'es-tu pas rassurée?
Quoi? ma chère, avec des attraits

Dont ton miroir peut te dire le nombre,
Être jalouse? ah ! je le comprendrais,
Mais si tu l'étais de ton ombre,
Tu ne devrais l'être que de ton ombre.

CAMILLE, *avec amour.*

Marcelly !...

MARCELLY.

Hein?... qu'est-ce que tu dis du madrigal?... pour un avoué (*à part.*) en vieux.

CAMILLE, *un peu radoucie.*

Oh ! si tu me trompais !

MARCELLY.

Mais je ne te trompe pas...,. c'est toi qui te trompes..... je t'aime...

CAMILLE.

Bien vrai ?

MARCELLY.

Mais oui... je t'aime par-dessus tout... par-dessus les maisons...

CAMILLE.

Pourquoi me donnez-vous des soupçons?...

MARCELLY.

Je n'ai pas besoin de t'en donner, tu en as assez comme ça... et comme tu as moins de cachemires, je vais t'en donner un.

CAMILLE, *avec joie.*

Vraiment !

MARCELLY.

Et comme c'est aujourd'hui l'ouverture des Italiens, je vais prendre des coupons et nous irons au théâtre, après avoir dîné tous les deux chez Vachette, en cabinet particulier.

CAMILLE.

Ah ! tu es bien gentil !

MARCELLY.

Tu n'auras plus de vilaines idées sur ton petit Joseph... car je m'appelle Joseph, ça devrait pourtant te rassurer... (*Marcelly embrasse Camille. Germain paraît, portant le déjeuner.*)

SCENE VI.

LES MÊMES, GERMAIN.

GERMAIN, *à part.*

Tiens, monsieur qui embrasse madame...

MARCELLY, *se retournant.*

Qu'est-ce que tu demandes?

GERMAIN.

Je ne demande rien, monsieur, j'apporte le déjeuner.

MARCELLY.

A-t-il l'air bête ce garçon-là... (*Il remonte, Germain pose le déjeuner sur le guéridon.*)

CAMILLE.

Est-ce que vous ne déjeunez pas avec moi, mon ami?

MARCELLY.

Ah!... ma chère enfant!... c'est que je suis bien en retard... et puis, franchement, je n'ai pas faim.

CAMILLE.

Ah!

GERMAIN.

C'est drôle... il est pourtant midi.

MARCELLY.

Tu m'ennuies toi.

GERMAIN.

Eh bien! monsieur, s'il est midi, ça n'est pas ma faute.... vous me grondez pour ça, c'est drôle. (*Il sert. — Camille se met seule à table. Elle est redevenue sérieuse.*)

SCENE VII.

MARCELLY, CAMILLE.

MARCELLY, *à part.*

Voilà Camille qui broie encore du noir... elle va croire que je déjeune en ville... avec des femmes... allons, il n'y a pas à dire, il faut manger. (*Il se rapproche et se met à table.*)

CAMILLE, *un peu sèchement.*

Mais si vous n'avez pas faim, mon ami, il ne faut pas vous forcer.

MARCELLY, *avalant avec peine.*

Mais je ne me force pas, au contraire... l'appétit me vient.., (*A part.*) Ça ne passera jamais...

CAMILLE.

Ne vous gênez pas, je vous en prie, ça pourrait vous faire du mal de déjeuner deux fois...

MARCELLY, *qui buvait s'étrangle. — A part.*

Qu'est-ce que je vous disais?... hein?... comme je connais ma femme? (*Haut.*) Tu vois bien que tu es incorrigible... Mais tu n'as donc pas jeté les yeux (*se levant*) sur mon costume? Comment veux-tu que j'aille déjeuner en ville fichu comme ça... ça n'a pas le sens commun. Tu sais bien que je ne fais de toilette que pour toi.

CAMILLE, *un peu honteuse.*

Oui, c'est vrai... pardonne-moi... veux-tu?

MARCELLY.

Si je veux? Tu sais bien que je veux toujours, aussi tu en abuses... diable de petit ange!

CAMILLE.

Mon bon Marcelly...

MARCELLY, *à part.*

C'est toujours à recommencer... Tu me crois toujours volage..., enfin (*Haut.*) Donne moi une aile (*Il se rassied.*)

CAMILLE.

Non... je ne veux pas...

MARCELLY.

Mais..!

CAMILLE.

Je n'ai plus de soupçons... tu peux t'en aller...

MARCELLY, *voulant se servir.*

Mais permets...

CAMILLE, *l'empêchant.*

Non, monsieur, non...

MARCELLY.

Mais je meurs de faim, maintenant... pour tout de bon...

GRÉGORET, *à la cantonnade.*

Il n'est pas parti, c'est bien.

MARCELLY.

Ah ! c'est Grégoret!

SCENE VIII.

LES MÊMES, GRÉGORET.

GRÉGORET, *entrant.*

Ah! le voilà (*saluant*) madame!... (*A Marcelly.*) Comment? tu déjeunes, mais je croyais que nous déjeunions ensemble chez...

CAMILLE, *vivement.*

Chez...

GRÉGORET.

Chez de Juzard.

CAMILLE, *regardant son mari.*

Ah !

MARCELLY.

Tiens, c'est vrai... ah! ce pauvre de Juzard! je l'ai oublié.... (*A Camille qui le regarde.*) Ma parole d'honneur! et la preuve c'est... tu sais? (*Il lui montre son costume. A Grégoret*) Prends donc un verre de madère.

GRÉGORET.

Volontiers. (*Il se verse.*)

MARCELLY, *à sa femme qui est sérieuse.*

Tiens, regarde-le, lui... il n'est pas si simple que moi... habit noir, cravate blanche! voilà un homme bien mis... Es-tu assez bien mis... Grégoret?

GRÉGORET.

Ah! à propos!... il faut que je te raconte...

MARCELLY.

Encore une histoire !... Tu sais donc toujours des histoires? C'est toi qui aurais fait tes affaires si tu avais été l'avoué de Schaabaam.

GRÉGORET.

C'est un nouveau tour de ce diable de de Juzard.

MARCELLY.

Bah! quoi donc?

GRÉGORET.

Il a imaginé quelque chose de très-ingénieux... Ah! ah! ah! j'en ris encore.

MARCELLY.

Et moi, j'en ris déjà. (*Frappant sur l'épaule de Grégoret.*) Il est très-amusant.... (*A Camille.*) Écoute bien l'histoire de de Juzard.

GRÉGORET.

Vous saurez d'abord que sa femme est jalouse.... oh! mais jalouse !...

CAMILLE.

Vraiment!

GRÉGORET.

Que c'en est insupportable...

MARCELLY, *toussant.*

Hem! hem!...

GRÉGORET.

Et comme... ah! mais... pardon, madame n'est pas jalouse?

CAMILLE, *vivement.*

Pas du tout.

MARCELLY.

Oh! mon Dieu non, pas du tout... Si nous partions?

CAMILLE.

Un instant... (*A Grégoret.*) Continuez donc...

MARCELLY, *à part.*

Il va dire quelque bêtise.

GRÉGORET.

Ce gredin de de Juzard a des intrigues... et pour détourner les soupçons de sa femme, savez-vous ce qu'il fait?

CAMILLE.

Non, et je brûle de le savoir.

MARCELLY.

Si nous partions?

GRÉGORET.

Il se donne des allures de vieux docteur, il s'habille comme un savant... Cravate négligée, habit sans nom, chapeau impossible... bottes à doubles semelles et gants en peau de lapin... Il entre rapé dans sa voiture et en sort éblouissant, frac, bottes vernies, gants frais, etc... Il a un cabinet de toilette dans son coupé... Ah! ah! ah!

MARCELLY, *riant tout en regardant sa femme avec inquiétude.*

Ah! ah! ah!

CAMILLE, *à part en regardant son mari.*

C'est bon à savoir.

MARCELLY, *à part.*

Que le diable t'emporte. (*Haut.*) Mon ami, je te demande pardon, mais il faut que je te quitte.

GRÉGORET.

Je sors avec toi. Avant de me rendre chez de Juzard il faut que je passe aux Italiens pour retirer le coupon de madame de Férieux.

CAMILLE, *vivement.*

Ah! Angèle va aux Italiens?

MARCELLY.

Allons, v'lan... autre chose à présent.

CAMILLE, *avec une intention marquée.*

Quel heureux hasard! mon mari veut justement m'y conduire...

GRÉGORET.

Ah! vraiment!

MARCELLY, *à part.*

Décidément si j'étais Schaabaam je lui ferais couper la langue ou au moins la tête.

GERMAIN, *entrant en livrée. — Bottes à revers.*

Monsieur, Nabuco s'impatiente.

MARCELLY.

Je descends. (*Par réflexion, en regardant sa femme.*) C'est-à-dire... (*A part.*) Cette sotte histoire de coupé... (*Haut.*) On peut dételer, j'irai à pied.

GERMAIN.

Ah! (*A part.*) Ce n'est pas la peine d'avoir une voiture...

GRÉGORET, *saluant.*

Madame.

MARCELLY.

A bientôt, Camille. (*Camille ne répond rien. — A part.*) Là!...

ENSEMBLE.

AIR de *Couder.*

CAMILLE, *à part.*

J'en suis sûre, quand il me quitte,
Vers une autre il porte ses pas,
Je vois, au trouble qui l'agite,
Que mon cœur ne me trompe pas.

MARCELLY, *à Camille.*

Calme le trouble qui t'agite,
Et de mon cœur ne doute pas,
Vers toi je reviendrai bien vite,
Car l'amour va presser mes pas.

GRÉGORET, *à part, en désignant Marcelly.*

Près d'elle, à l'émoi qui l'agite,
Je juge que le scélérat
S'en va donner, quand il la quitte,
Un coup de canif au contrat.

GERMAIN, *à part.*

D'ici je sortirai bien vite,
S'il faut toujours s' croiser les bras,
Ces maîtres-là, si je les quitte,
Je l' sens, je n' les regrett'rai pas.

(Marcelly et Grégoret sortent par le fond.)

SCENE IX.

CAMILLE, GERMAIN.

CAMILLE, *à part.*

Quel tissu de mensonges ! de faussetés !

GERMAIN, *regardant ses bottes.*

Ce n'était pas la peine de m'acheter des bottes jaunes. (*Il va à la table et commence à desservir.*)

CAMILLE, *à elle-même.*

Je ne veux pas être sa dupe plus longtemps... je veux savoir à quoi m'en tenir. (*Appelant.*) Germain ?

GERMAIN, *s'avançant.*

Madame...

CAMILLE, *à part.*

Ah ! je suis folle ! interroger un valet ! fi donc !

GERMAIN, *planté devant Camille.*

Madame...

CAMILLE, *à elle-même.*

Cette Angèle ! une amie d'enfance !

GERMAIN.

Madame.

CAMILLE, *avec impatience.*

Sortez.

GERMAIN, *à part.*

Ah ! c'était pour ça... c'est drôle. (*Il remonte; au moment de sortir.*) Ah ! voilà madame de Férieux. (*Angèle paraît.*)

ANGÈLE, *gaiement.*

Ce n'est que moi... (*Elle entre.*)

GERMAIN, *voulant annoncer.*

Madame de...

CAMILLE.

Laissez-nous.

ANGÈLE, *embrassant Camille.*

J'ai mes grandes entrées, moi, n'est-ce pas ?

GERMAIN, *à part.*

Ce n'est pas la peine d'avoir un domestique. (*En s'en allant.*) Quelle drôle de maison. (*Il sort.*)

SCENE X.

CAMILLE, ANGÈLE, *Angèle tient un gros bouquet de violettes à la main.*

ANGÈLE.

Il y a un siècle que je ne t'ai vue.

CAMILLE.

Que veux-tu?... ce n'est plus aujourd'hui comme autrefois... nous ne nous appartenons plus... moi, j'ai un mari.

ANGÈLE.

Et moi j'ai un procès... monsieur Marcelly n'est pas là?

CAMILLE.

Tu le sais bien?

ANGÈLE.

Comment?

CAMILLE, *avec un ton singulier.*

Quel joli bouquet tu as là !

ANGÈLE.

Ce sont des violettes de Parme... je viens de les acheter à ta porte.

CAMILLE, *d'un ton d'incrédulité.*

Ah! tu viens de les acheter?

ANGÈLE.

Qu'as-tu donc? tu parais triste, préoccupée... confie-moi tes petits chagrins.

CAMILLE, *vivement.*

Mais je n'en ai pas.

ANGÈLE.

Tant mieux... je craignais que tu n'eusses à te plaindre de ton mari.

CAMILLE, *vivement et appuyant.*

Par exemple! mais mon mari est un homme charmant... rempli d'attentions, de prévenances; aujourd'hui, il me donne un cachemire magnifique.

ANGÈLE.

Ah!

CAMILLE, *à part.*

On dirait que ça la contrarie... (*Appuyant.*) un cachemire de 3,000 fr. au moins!... oh! Marcelly m'aime bien! il me le prouve tous les jours...

ANGÈLE, *souriant.*

Tu es bien heureuse.

CAMILLE.

Très-heureuse... il me trouve jolie...

ANGÈLE.

Je le crois bien.

CAMILLE.

Plus jolie que toutes les femmes que nous connaissons.

ANGÈLE, *riant.*

Ah! ménage mon amour-propre, je t'en prie.

CAMILLE, *se reprenant.*

Toi exceptée... Du reste, tu dois être contente, si tu m'aimes.

ANGÈLE, *l'embrassant.*

Mais certainement...

CAMILLE, *à part.*

Elle est furieuse...

ANGÈLE.

Je regrette que ton mari ne soit pas là... je voulais lui parler de...

CAMILLE.

De ton procès? Eh bien, mais je vais faire venir monsieur Fernand.

ANGÈLE, *vivement.*

Non... ce n'est pas la peine... je reviendrai.

CAMILLE.

Quand mon mari y sera.

ANGÈLE.

Comme tu me dis cela?

CAMILLE.

Angèle, est-ce que tu ne songes pas à te remarier?

ANGÈLE.

Moi, non.

CAMILLE.

Veuve!... c'est une position fausse, tu ne peux pas rester éternellement dans cet état-là.

ANGÈLE.

Cet état-là... mais c'est un état libre.

CAMILLE.

Tu finiras par aimer quelqu'un.

ANGÈLE, *étourdiment.*

Oh! j'ai commencé.

CAMILLE.

Ah! et cependant tu ne songes pas à te remarier?

ANGÈLE.

Non, car je ne puis épouser celui que j'aime.

CAMILLE.

Pourquoi?

ANGÈLE, *gravement.*

Cela tient à de hautes considérations politiques.

CAMILLE, *à part.*

Elle se moque de moi. (*Haut.*) Gageons que je devine.

ANGÈLE.

Voyons.

CAMILLE.

Cet amant mystérieux n'est pas loin, n'est-ce pas?

ANGÈLE.

C'est vrai.

CAMILLE.

Il est ici.

ANGÈLE.

Oui.

CAMILLE, *d'une voix troublée.*

Je le nommerai si tu veux.

ANGÈLE.

Nomme-le.

CAMILLE.

Tu m'en défies ?

ANGÈLE.

Oh ! mon Dieu ! si tu y tiens, je puis te dire son nom, c'est monsieur Fernand.

CAMILLE.

Eh bien ! mais il t'aime aussi.

ANGÈLE.

Je le sais.

CAMILLE.

Et tu ne peux l'épouser, dis-tu? il est libre, cependant !

ANGÈLE.

Il est libre... et il ne l'est pas. Bientôt je t'en dirai davantage...

CAMILLE, *se contenant.*

Oh ! ce n'est pas nécessaire.

ANGÈLE.

Comment ?

CAMILLE.

Tu vas ce soir aux Italiens ?

ANGÈLE.

Non.

CAMILLE.

Monsieur Grégoret nous l'a dit.

ANGÈLE.

Je devais y aller en effet... mais j'ai changé d'avis. (*Elle va à la glace et rajuste son châle.*)

CAMILLE, *à part.*

Elle sait que Marcelly doit me conduire au théâtre, et elle ne veut plus y aller.

ANGÈLE, *devant la glace.*

Ma bonne Camille je te laisse... puisque mon avoué n'y est

pas, je vais chez mon avocat... Est-ce vrai que les anglaises ne me vont pas bien ?

CAMILLE.

Est-ce mon mari qui t'a dit cela ?

ANGÈLE.

Ton mari ?

CAMILLE.

Ah ! c'est qu'il n'aime pas cette coiffure-là.

ANGÈLE, *riant.*

Vraiment? oh ! alors j'en changerai.

CAMILLE, *vivement.*

Oh ! c'est inutile !

ANGÈLE.

Ah ! ah ! ah ! tu as bien dit cela... adieu ma bonne... recommande à ton mari de penser à moi.

ENSEMBLE.

AIR : *Le voilà tout interdit* (Roger Bontemps).

ANGÈLE, *à Camille.*

Ma bonne amie, au revoir,
Tâchez que votre devoir
Vous permette quelquefois,
De m'aimer comme autrefois,
A la veuve, par pitié,
Donnez un peu d'amitié,
Ou bien, chargez votre époux,
Du soin de l'aimer pour vous.

CAMILLE, *à part.*

Hélas ! je crois entrevoir,
Quel est ici son espoir,
Et mon époux, je le vois,
Va se soumettre à ses lois,
Déjà sa froide pitié,
Vient m'offrir de l'amitié,
En échange de l'époux
Qu'elle jette à ses genoux.

(*Angèle sort par le fond après avoir embrassé Camille.*)

SCENE XI.

CAMILLE *seule, puis* GERMAIN *et ensuite* FERNAND.

CAMILLE.

Que je suis malheureuse... Je voudrais douter, le pourrais-je quand tout conspire pour me prouver leur trahison... Les maladroits mensonges de Marcelly, les hésitations d'Angèle à l'égard de Fernand... tout... tout... (*Germain paraît au fond.*)

GERMAIN, *à part.*

Monsieur Fernand veut que je lui dise si Madame est seule, c'est drôle... Ah ! cette dame est partie, il peut venir. (*Il fait un signe au dehors, Fernand paraît.*)

FERNAND, *bas à Germain.*

Merci !

CAMILLE, *à part.*

Ah ! c'est Fernand... tant mieux... (*A Germain.*) Laissez-nous.

GERMAIN, *à part.*

Tiens ! on ne peut pas parler devant moi... (*Fausse sortie. — puis il redescend pour prendre la cravate de Marcelly qui est restée sur un fauteuil.*)

FERNAND.

Ma cousine je venais...

CAMILLE, *qui a aperçu Germain.*

Sortirez-vous ?

GERMAIN.

Mais, Madame je ne pouvais pas laisser traîner la cravate de Monsieur... on me gronde parce que je range... C'est drôle... (*Il sort.*)

FERNAND.

Ma cousine, avez-vous parlé à madame de Férieux ?

CAMILLE.

Allez-vous recommencer, Monsieur ?

FERNAND.

Plaît-il ?

CAMILLE.

Ne rougissez-vous pas de jouer un pareil rôle ?...

FERNAND.

Comment ?

CAMILLE.

De prêter les mains aux intrigues de...

FERNAND.

Quelles intrigues ? Je ne vous comprends pas... Je ne sais qu'une chose, moi, c'est que j'aime madame de Férieux.

CAMILLE.

Laissez-donc.

FERNAND.

Je l'adore, vous dis-je... je vous le jure, j'en perds la tête.

CAMILLE.

Alors je vous plains car Angèle ne vous aime pas.

FERNAND.

Elle vous l'a dit ?

CAMILLE, *amèrement.*

Oh! non... au contraire.

FERNAND.

Mais alors je suis le plus heureux des hommes.

CAMILLE.

Vous me faites pitié... Mais vous ne comprenez donc rien? Mais vous êtes donc aveugle?... Angèle dit qu'elle vous aime... mais c'est pour cacher l'amour qu'elle a pour un autre.

FERNAND.

Mais ma cousine vous vous trompez peut-être ?

CAMILLE, *très-agitée.*

Ah ! je me trompe? et pourtant elle dit qu'elle ne vous épousera jamais... Pourquoi?

FERNAND.

Je l'ignore... mais cela prouve-t-il?

CAMILLE, *pleurant.*

Cela prouve qu'elle aime Marcelly, votre cousin, mon mari.

FERNAND.

Par exemple... vous croyez?...

CAMILLE.

J'en suis sûre... j'ai des preuves irrécusables...

FERNAND.

Quelles preuves?

CAMILLE.

J'en ai, vous dis-je... le cœur d'une femme ne se trompe jamais.

FERNAND.

Marcelly!... lui que... lui qui... Eh! mais... j'y songe!... Je me souviens! son refus de me servir, de parler pour moi... son impatience quand je l'entretenais de mon amour... son embarras devant vous... Ah! c'est affreux!... horrible!.. épouvantable ?

CAMILLE.

Du courage, Fernand, j'en ai bien... moi!

FERNAND.

Pauvre cousine!... que je vous plains!... (*L'embrassant.*) Tant de jeunesse, de grâces... (*L'embrassant.*) sacrifiées à ce monstre!... (*L'embrassant.*) Mais je me vengerai, je vous vengerai! (*L'embrassant.*) nous nous vengerons... et quand je pense que je leur ai fourni moi-même l'occasion de se voir, de se parler... Mais je vais à l'instant prévenir M. Grégoret... je réunis toutes les pièces de cette affaire, je les lui mets entre les mains, et...

CAMILLE, *bas.*

Chut! voilà mon mari. (*Marcelly paraît.*)

SCÈNE XII.

MARCELLY, CAMILLE, FERNAND.

MARCELLY.

C'est moi !...

FERNAND.

J'ai envie de l'étrangler...

MARCELLY.

Bonjour, chère amie...

CAMILLE.

Bonjour, Monsieur.

MARCELLY, *riant.*

Je vous dérange... (*A Fernand.*) Est-ce que tu faisais la cour à ma femme?

FERNAND.

Je ne suis pas un libertin, un débauché, un Héliogabale.

MARCELLY.

Qu'est-ce que tu me chantes?

FERNAND.

Rien... rien... (*A part.*) Oh ! il me le paiera. (*Il sort.*)

MARCELLY, *à part.*

Elle m'appelle monsieur... il m'appelle Héliogabale!... Qu'est-ce qu'il y a encore?... (*Haut.*) Il n'est venu personne?..

CAMILLE, *sèchement.*

Je ne sais pas.

MARCELLY, *à part.*

Il est venu quelqu'un... (*Haut.*) Ma chérie, j'ai fait monter ton châle dans ta chambre.

CAMILLE.

Ah ! (*Elle reprend son sérieux.*)

MARCELLY.

Et puis, je t'ai apporté des fleurs...

CAMILLE.

Des fleurs?

MARCELLY.

Oui, des violettes...

CAMILLE.

Des violettes de Parme?

MARCELLY.

Tout ce qu'il y a de plus Parme. (*Il le lui présente.*)

CAMILLE, *le regardant dans les yeux.*

Angèle sort d'ici...

MARCELLY, *troublé sans savoir pourquoi.*

Ah!... comment se porte-t-elle? (*A part.*) Je savais bien qu'il était venu quelqu'un...

CAMILLE.

Elle avait un bouquet tout pareil à celui-ci.

MARCELLY.

Ah ! elle avait... Eh bien?...

CAMILLE.

Vous avez donné sans doute un bouquet à madame de Férieux, et vous m'en donnez un autre pour calmer votre conscience...

MARCELLY, *à part.*

Oh ! décidément, je n'ai pas de chance...

CAMILLE.

Tu ris?... J'ai deviné, n'est-ce pas?

MARCELLY.

Mais pas du tout... je n'ai pas donné de fleurs à Ang.... à madame de Férieux... Pourquoi lui donnerais-je des fleurs... Elle ne m'en donne pas...

CAMILLE.

Comment se fait-il donc qu'elle ait justement un bouquet tout pareil au mien?

MARCELLY.

Comment cela se fait? Est-ce que je sais, moi? J'ai acheté des violettes, elle a acheté des violettes... nous avons acheté tous deux des... Est-ce que je peux l'empêcher d'acheter des violettes?

CAMILLE.

Ah! vous m'impatientez.

MARCELLY.

C'est toujours à recommencer... Tu as encore de vilaines idées ; comme ce matin, au sujet des Italiens.

CAMILLE.

Ah ! oui...

MARCELLY.

Eh bien, gros bèta, tu vas voir que rien ne me coûte pour te rassurer... Ainsi, j'avais envie d'aller aux Italiens, j'en mourais d'envie...

CAMILLE.

Et...

MARCELLY.

Et cependant j'y ai renoncé.

CAMILLE.

Ah !

MARCELLY.

Je n'ai pas loué de loge.

CAMILLE, *éclatant.*

Ah! c'est tout simple! je ne dois pas aller au théâtre puisque madame de Férieux n'y va pas.

MARCELLY.

Comment, elle n'y va pas?

CAMILLE.

Madame de Férieux sera chez elle ce soir, et vous, Monsieur, vous sortirez sans doute pour quelque importante affaire, quelque référé...

MARCELLY.

Mais pas du tout... pas du tout... Je ne sors pas... je reste avec toi.

CAMILLE, *étonnée.*

Ah !...

MARCELLY.

Toute la soirée...

CAMILLE, *honteuse.*

Vraiment?

MARCELLY.

Nous allons dîner ensemble en tête à tête, et après le dîner, tu me joueras du piano pendant que je lirai le journal... tu me mettras la *Presse* en musique.

CAMILLE.

Tu ne me quitteras pas?

MARCELLY.

Non, je ne te quitterai pas avant demain matin.

CAMILLE.

Embrasse-moi...

MARCELLY.

A la bonne heure !... (*L'embrassant.*) Diable de petit ange, va.

CAMILLE.

Mais je ne demande pas mieux que de croire à ta fidélité, à ton amour.

MARCELLY.

Je le vois bien. — Enfin, c'est fini ; nous allons passer une soirée charmante.

SCÈNE XIII.

LES MÊMES, GERMAIN *et* ANGÈLE.

ANGÈLE, *en dehors.*

C'est bon... c'est bon...

CAMILLE, *se levant tout à coup.*

Monsieur !... c'est Angèle !...

MARCELLY, *embarrassé.*

Oui... je crois que...

GERMAIN, *annonçant.*

Madame de...

ANGÈLE, *entrant.*

Mais c'est inutile.

GERMAIN, *à part.*

Ah ben, si on ne peut plus faire son ouvrage ici, ça n'est pas drôle. (*Il sort.*)

ANGÈLE, *gaîment à Marcelly.*

On vous trouve enfin... je ne vous lâche plus... et pour que nous ayons tout le temps de parler chicane, je m'invite à dîner... (*à Camille.*) Veux-tu ?

CAMILLE.

Comment donc?

MARCELLY, *à part.*

Aïe...

CAMILLE, *à part.*

Voilà pourquoi il voulait rester.

ANGÈLE, *ôtant son chapeau.*

Je vous donne ma soirée, tant pis pour vous...

MARCELLY, *jouant l'aplomb.*

C'est... une charmante surprise.

CAMILLE, *bas.*

Une surprise? vraiment?

MARCELLY.

Sans doute!

ANGÈLE.

A propos, vous ne sortez pas?

MARCELLY.

Mais...

CAMILLE, *avec intention.*

Non, non.... nous ne sortons pas.... mon mari m'a sacrifié aussi toute sa soirée.

MARCELLY.

Mais, ma chère, ce n'est pas un sacrifice.., au contraire.

CAMILLE, *regardant Angèle.*

Je vous crois.

MARCELLY, *à part.*

Eh bien, ça va être gai pour moi... (*Angèle a tiré un ouvrage de tapisserie d'un petit coffret.*)

CAMILLE.

Tu as changé ta coiffure?

ANGÈLE, *riant.*

Oui... pour plaire à ton mari.

MARCELLY, *de plus en plus embarrassé, à part.*

Ses plaisanteries tombent bien... (*Haut.*) Madame... croyez que ce n'était pas... assurément, si je devais... si je pouvais... mais quand on a... comme moi, une...

ANGÈLE, *riant.*

C'est parfaitement clair... (*A Camille.*) Mes laines sont détestables... où donc achètes-tu les tiennes?

CAMILLE.

Au Père de famille, rue Dauphine.

ANGÈLE.

Il y a toujours beaucoup de monde, je crois, il faut attendre...

CAMILLE, *appuyant en regardant son mari.*

Oh!... en y allant à cinq heures on n'attend pas...

ANGÈLE.

Je profiterai du conseil dès demain.

CAMILLE, *à part.*

C'est un rendez-vous! quelle effronterie!

MARCELLY, *à part.*

Si j'ai le malheur d'être dehors demain à cinq heures, je suis un homme perdu.

CAMILLE, *à son mari.*

A quoi pensez-vous donc?

MARCELLY.

Je... je ne sais pas.

CAMILLE.

Je le sais moi.

MARCELLY, *à part.*

C'est une impasse, ma parole d'honneur. (*Il remonte la scene et se heurte contre le guéridon qui occupe le milieu de la scène. Il repéte.*) C'est une impasse.

ANGÈLE, *les regardant.*

Décidément, j'ai un remords.

CAMILLE.

Un remords?

ANGÈLE.

Il me semble que je suis de trop.

CAMILLE.

Par exemple.

ANGÈLE.

Vous vous étiez peut-être promis de passer cette soirée tous les deux seuls, et une amie qui tombe au beau milieu d'un tête à tête, c'est quelquefois agréable comme une averse dans une partie de campagne.

CAMILLE.

Quel enfantillage!

MARCELLY, *à part.*

Oh! une idée! (*Haut.*) Mon Dieu, madame, vous n'êtes pas de trop, et tenez, pour vous le prouver (*il embrasse Camille*) voilà... (*A part.*) C'est de mauvais goût, mais ma foi! la paix à tout prix... (*Embrassant de nouveau sa femme.*) Vous voyez que vous ne nous gênez pas.

ANGÈLE, *cassant sa laine.*

Cette laine est atroce!

CAMILLE.

Tu es peut-être trop vive...

MARCELLY, *à part.*

Camille se calme! (*Haut.*) Croyez-moi, madame, remariez-vous bien vite... c'est si bon d'être deux, quand on s'aime comme nous. (*Il presse Camille contre son cœur.*)

CAMILLE, *bas.*

Est-ce que vous voulez la rendre jalouse?

MARCELLY, *à part.*

Ah! quand je vous dis que c'est une impasse... changeons la conversation.... (*Haut.*) Camille, tu n'as pas montré ton cachemire à ton amie?

ANGÈLE.

Mais non, est-il joli?

MARCELLY.

Très-joli! Vous allez le voir.

ANGÈLE.

J'en meurs d'envie.

MARCELLY, *gaîment.*

Nous allons parler toilettes, chiffons... (*à part.*) J'ai eu une excellente idée...(*Haut.*) Va chercher ton cache...mire... (*Troublé tout à coup par le regard de Camille.*) Ah! fichtre, je crois que j'ai fait une bêtise.

CAMILLE, *avec intention.*

Mon cachemire est dans ma chambre, n'est-ce pas?

MARCELLY, *à part.*

J'ai deviné! (*Haut.*) Oui, mais ne te dérange pas, je vais le chercher.

CAMILLE.

Vous savez bien que je ne le souffrirai pas.

MARCELLY.

Pourquoi?... Ah!... Je vais appeler Germain. (*Il sonne.*)

ANGÈLE, *riant.*

Ah! mon Dieu! mais cette chambre est donc au bout du monde...

CAMILLE.

Mais non, et je ne sais pourquoi monsieur fait tant de bruit...

GERMAIN, *entrant.*

Monsieur a sonné?

CAMILLE.

Non.

GERMAIN.

Alors, donc c'est madame?

CAMILLE.

On n'a pas besoin de vous.

GERMAIN, *à part.*

Ça m'étonnait aussi... oh! ça ne peut pas aller comme ça... (*Il sort. — Camille se dirige vers la gauche.*)

MARCELLY.

Tu tiens donc?

CAMILLE, *bas.*

Monsieur, je serai le plus longtemps possible..? (*Elle entre à gauche.*)

SCENE XIV.

MARCELLY, ANGÈLE *assise, puis* CAMILLE.

MARCELLY, *à part.*

C'est à se manger les poings jusqu'au coude... (*Angèle fait un mouvement.*) Pourvu du moins qu'elle ne quitte pas sa place. (*En ce moment, Angèle laisse tomber une pelote de laine qui roule jusqu'au milieu du théâtre.—A part.*) Allons, bon, bête de laine, va! (*Il fait un pas pour la ramasser, puis regarde avec inquiétude du côté de la chambre de Camille et s'arrête. Angèle se lève et vient ramasser le peloton de laine.)*

ANGÈLE, *souriant.*

Merci !

MARCELLY.

Pardon, je...

ANGÈLE, *debout et continuant.*

Monsieur Marcelly... trouvez-vous ces fleurs-là de bon goût? (*Elle s'approche un peu.*)

MARCELLY, *s'éloignant en regardant derrière lui.*

Oui... oui... d'un goût exquis. (*A part.*) Va-t-en donc à ta place.

ANGÈLE, *faisant un pas vers lui..*

J'ai envie de défaire ce fond là.

MARCELLY, *même jeu.*

Ah! vous auriez tort.

ANGÈLE, *qui est arrivée près du piano.*

Tiens, Camille a la partition de la Dame de Pique.

MARCELLY.

Oui.

ANGÈLE, *feuilletant la partition.*

Ce n'est pas arrangé pour le piano.

MARCELLY.

Non. (*Il passe de l'autre côté.*)

ANGÈLE.

Mais si...

MARCELLY.

Ah!

ANGÈLE, *revenant avec la partition.*

Tenez, voyez plutôt...

MARCELLY, *vivement.*

Ah! oui... oui... oui... je confondais avec une autre... (*Il va gagner encore le côté opposé, mais voyant qu'Angèle le suit il revient sur ses pas et va à la cheminée; — Angèle retourne seule au piano.*)

MARCELLY.

Ouf!... (*Pendant ce chassez croisé. Angèle a laissé tomber son bouquet de violettes; — il se trouve aux pieds de Marcelly.*)

MARCELLY.

C'est Camille, enfin! (*Dans son trouble il se chauffe à la cheminée où il n'y a pas de feu, — Angèle debout au piano déchiffre d'une main un passage de la partition. Camille paraît et les observe un instant: elle tient son mouchoir à la main et, avant de descendre, elle essuie furtivement une larme.*) Voilà le grand inquisiteur!

ANGÈLE, *chantonnant.*

La... la... la,.. cet air est ravissant.

CAMILLE, *ironiquement.*

N'est-ce pas? (*Elle va à Marcelly qui se chauffe toujours obstinément.*) Mon ami! si vous avez froid, on fera du feu...

MARCELLY, *troublé.*

Hein, non... il y en a assez... (*S'apercevant qu'il n'y en a pas. — A part.*) Allons! bon! je ne sais plus ce que je fais.

CAMILLE, *bas avec ironie.*

Vous vous êtes trop éloignés l'un de l'autre, ce n'est pas adroit.

MARCELLY, *se contenant.*

Comment?... tu crois...

CAMILLE, *lui montrant le bouquet qui est à ses pieds.*

Et ce bouquet à vos pieds.

MARCELLY.

Un bouquet!

CAMILLE, *bas.*

On vous l'a rendu sans doute pour vous punir d'avoir dit que vous m'aimiez.

MARCELLY, *éclatant.*

Ah! c'est trop fort à la fin! (*Angèle qui pianottait toujours se retourne étonnée.*)

Je n'y tiens plus, j'éclate!

ANGÈLE, *descendant.*

Que signifie?

MARCELLY, *criant.*

Cela signifie!

CAMILLE, *bas.*

Monsieur!...

MARCELLY, *criant de plus en plus.*

Tant pis, madame, le feu est aux poudres!

ANGÈLE.

Mais qu'y a-t-il donc?

MARCELLY, *de même.*

Il y a, madame, que je vous fais la cour, que je vous aime... et que vous m'adorez... que tout à l'heure... j'étais à vos pieds ou que vous étiez aux miens, je ne sais plus au juste... il y a que vous trompez votre amie pour moi, et que moi, je trompe ma femme pour vous... et je n'en veux pour preuve que la Dame de pique, les Italiens, le Père de famille et la violette de Parme.

ANGÈLE.

Comment? Camille, il se pourrait?

CAMILLE.

Un tel scandale! ah! c'est affreux!

MARCELLY.

Vous l'avez voulu!... vous m'avez poussé à bout... je me mets en insurrection... je fais des barricades...

SCENE XV.

LES MÊMES, GRÉGORET, FERNAND, *Grégoret tient des papiers.*

GRÉGORET, *apercevant Marcelly qui bouscule les meubles.*

Eh bien! que se passe-t-il donc? (*Ils descendent.*)

ANGÈLE, *riant à demi.*

Ah ça! mais je ne soupçonnais rien de tout cela, moi...

MARCELLY.

Laissez donc, madame, comme si vous ne saviez pas par expérience, que je suis un séducteur, (*Fernand entre de l'angle du fond à droite*) un scélérat, un Héliogabale, comme disait tantôt monsieur Fernand.

ANGÈLE.

Monsieur Fernand? Est-ce que lui aussi !...

CAMILLE, *honteuse.*

Oui, certainement, il a bien remarqué comme moi...

FERNAND.

Ah! permettez, ma cousine...

CAMILLE.

N'avez-vous pas résolu de confier à un autre les intérêts de madame?

GRÉGORET.

Mais en effet. (*Il montre les papiers qu'il tient et qu'il remet à Angèle.*)

ANGÈLE.

Ainsi, c'est monsieur Fernand qui est cause...

FERNAND.

Mais non, c'est ma cousine.

CAMILLE.

C'est mon mari...

MARCELLY.

C'est Grégoret.

GRÉGORET.

C'est le diable!

MARCELLY.

Oui, le diable qui a emménagé chez moi, à qui mon contrat de mariage a servi de billet de logement.

ANGÈLE.

Monsieur, un peu d'indulgence!

MARCELLY.

Non, madame, non... je ne comprends pas la jalousie, les soupçons, je ne les comprendrai jamais! (*Il frappe sur la table.*)

GRÉGORET.

Mon ami!

FERNAND.

Mon cousin!

MARCELLY.

Je ne veux plus d'ami, je ne veux plus de clerc, je ne veux plus de cousin, je ne veux plus de femme!

ENSEMBLE.

Air de la *Norma*.

MARCELLY, *à Camille avec colère.*

C'en est trop! enfin je me lasse,
De nos amours,
Vous brisez le cours,
Pour vous, Madame, plus de grâce!
Occupez-vous
De prendre un autre époux.

CAMILLE.

Je le vois, mon amour vous lasse,
De nos amours
Vous brisez le cours,
Je ne demande point de grâce,
D'un tel courroux,
Moi, je rougis pour vous.

ANGÈLE.

Du bonheur votre cœur se lasse,
De vos amours
Vous brisez le cours,
Pour elle je demande grâce,
Chasserez-vous
Le bonheur loin de vous.

GRÉGORET *à Marcelly.*

Mon ami, calme-toi, de grâce,
Le bruit, toujours
Fait fuir les amours;
D'amour votre âme est-elle lasse,
Chasserez-vous
Le bonheur loin de vous.

FERNAND, *à part.*

Sort fatal, par cette disgrâce.
De mes amours
Tu brises le cours,
Moi, je veux obtenir ma grâce;
Destins jaloux,
Mon cœur vous brave tous.

(Marcelly sort avec colère, Grégoret sort avec lui en essayant de le calmer.)

SCENE XVI.

FERNAND, ANGÈLE, CAMILLE. *Camille est tombée en pleurant sur le fauteuil à droite ; Fernand est au second plan à gauche. Angèle est au milieu.*

FERNAND, *suppliant.*

Madame !

ANGÈLE, *avec une sévérité forcée.*

Je ne vous pardonnerai jamais, Monsieur. Veuillez disposer ces papiers... M. Grégoret aura désormais toute ma confiance.

FERNAND, *avec colère.*

Eh bien soit. (*Il va à la table et bouscule les papiers. — Angèle se retourne en riant du côté de Camille.*)

ANGÈLE, *bas à Camille avec amitié.*

Eh bien, ma pauvre petite Camille ?

CAMILLE.

Que veux-tu, je suis jalouse, ce n'est pas ma faute.

ANGÈLE, *souriant.*

Ce n'est pas la mienne non plus.

CAMILLE.

Je te crois... Mais pourquoi tant de sévérité à l'égard de Fernand, s'il est vrai que tu l'aimes.

ANGÈLE, *bas.*

S'il est vrai? Voilà l'hydre du soupçon qui relève déjà la tête... Je veux l'abattre tout à fait. (*Lui donnant une lettre.*) Tiens, lis.

CAMILLE, *lisant.*

« Ma chère Angèle :

« Tu me demandes des renseignements sur M. Fernand qui a habité pendant quelques années notre ville... Connaissant ta délicatesse, je crois que tu renonceras bien vite à tes projets de mariage, quand tu sauras que M. Fernand a été presque fiancé à une jeune personne charmante qui l'aime encore et qui l'attend. »

ANGÈLE, *lui reprenant la lettre.*

Comprends-tu maintenant?

FERNAND, *à part.*

C'est affreux!.. moi qui espérais...

CAMILLE, *confuse.*

Ah! mon amie! et je te soupçonnais quand j'aurais dû te plaindre... car tu l'aimes...

ANGÈLE, *bas.*

Oui.

FERNAND, *à part avec chagrin.*

Elle me hait... c'est évident.

ANGÈLE.

Oui je l'aime, mais un autre l'aimait avant moi.

CAMILLE.

Elle l'a peut-être oublié...

ANGÈLE.

Mon amie me l'eût écrit et je n'ai pas reçu de nouvelle lettre... Mais il ne s'agit pas de cela, il s'agit de toi, de ton mari.

CAMILLE.

Hein? comme il a été méchant? c'est la première fois.

ANGÈLE.

Ah! dame! il y a commencement à tout.

CAMILLE.

Tu crois que...

ANGÈLE.

Je crois qu'il te pardonnera. Mais il faut y prendre garde, Camille, « quiconque est soupçonneux invite à le trahir. »

CAMILLE.

Vraiment?

ANGÈLE, *riant.*

C'est M. de Voltaire qui l'a dit; si tu veux garder ton mari, crois-moi, ma petite Camille, embellis sa captivité, ou sinon...

CAMILLE, *avec effroi.*

Mais je vais donc le perdre?

ANGÈLE.

Non, pas pour cette fois, mais je te le répète : il faut y prendre garde. (*A Fernand.*) Eh bien, Monsieur, ces papiers?

FERNAND.

Je les range, Madame. (*Il bouscule tout.*)

ANGÈLE.

Je les prendrai tantôt.

FERNAND.

Je les porterai chez vous.

ANGÈLE.

Je vous le défends!

FERNAND.

Madame...

ANGÈLE.

Tout est fini, Monsieur. (*A part.*) Il le faut bien. (*A Camille.*) A tout à l'heure... Je veux te laisser le temps de faire la paix avec l'ennemi... quand ton mari viendra, laisse-le crier, ne réponds rien, et il se calmera.

CAMILLE.

Vraiment...

ANGÈLE.

De la douceur, beaucoup de douceur... de la confiance même si c'est possible...

CAMILLE.

Oh! sois tranquille, j'ai eu trop peur.

ANGÈLE.

Je reviendrai pour le dîner. (*Souriant.*) et je n'apporterai pas de violettes.

CAMILLE.

Méchante! (*Elles s'embrassent, Angèle remonte; Fernand est sur sa route.*)

FERNAND.

Madame, je vous en prie, pardonnez-moi?

ANGÈLE.

Jamais, Monsieur, tout est fini! (*A part.*) Pauvre garçon!

ENSEMBLE.

TYROLIENNE de la *Fille du régiment*.

ANGÈLE, *à Camille.*

Au revoir,
Bon espoir,
Bientôt ici même,
Cet époux qui t'aime,
Reviendra,
Suppliera,
A tes genoux tombera.

CAMILLE.

Au revoir,
Doux espoir,
A l'époux que j'aime,
Mon cœur ici même,
Contera,
Confiera,
Ce qu'il a souffert déjà.

FERNAND, *à part.*

Plus d'espoir,
De revoir,
La femme que j'aime,
O douleur extrême,
Mais déjà,
Je sens là,
Que ma mort me vengera.

(*Angèle sort par le fond.*)

SCENE XVII.

FERNAND, CAMILLE.

FERNAND.

Tout est fini, a-t-elle dit... Eh bien oui, tout sera fini en effet. (*Il jette pêle-mêle tous les papiers dans le carton.*)

CAMILLE.

Fernand.

FERNAND.

Ma cousine, je suis le plus malheureux des hommes, par votre faute.

CAMILLE.

C'est vrai...

FERNAND.

Mais je vous pardonne... adieu. (*Il remonte.*)

CAMILLE.

Où allez-vous?

FERNAND.

Je vais me jeter du haut des tours de Notre-Dame, et je tâcherai de tomber devant la porte de madame de Férieux.

CAMILLE, *à part.*

Je dois réparer le mal que j'ai fait... (*Haut.*) Fernand.

FERNAND.

Pardon, ma cousine, mais je suis pressé... on ne monte plus aux tours passé quatre heures.

CAMILLE.

Écoutez-moi, je veux... Ah!.. J'entends mon mari... allez au jardin, dans dix minutes, je vous y rejoindrai.

FERNAND.

Mais...

CAMILLE.

Espérez... Angèle vous aime.

FERNAND.

Ciel!.. est-il possible?

CAMILLE.

Je vous le jure, mais sortez vite... je vous en dirai davantage tout à l'heure.

FERNAND.

Elle m'aime! ah! ma cousine!.. merci! merci! vous me rendez la vie. (*Il lui baise la main et se sauve par la gauche. Marcelly, le chapeau enfoncé sur les yeux, entre par la droite au moment où Fernand disparaît : Marcelly l'a vu; il regarde sa femme, puis se promène un instant sans parler.*)

SCÈNE XVIII.

MARCELLY, CAMILLE.

MARCELLY, *à part.*

Je suis décidé à faire un coup d'État... je vais faire un coup d'État... Ne dites rien.

CAMILLE, *à part.*

N'oublions pas les recommandations d'Angèle...

MARCELLY, *s'arrêtant devant Camille, très-haut.*

Madame.

CAMILLE.

Mon ami...

MARCELLY, *à part.*

Tiens... (*Haut.*) Je vous préviens que j'ai brisé ma chaîne et qu'à partir de ce jour, je veux marcher dans ma force et dans ma liberté... comme Spartacus.

CAMILLE.

Oui mon ami...

MARCELLY, *à part.*

Tiens... (*Haut.*) A partir d'aujourd'hui j'aurai des clientes jeunes...

CAMILLE, *après un petit mouvement.*

Oui mon ami.

MARCELLY.

Jolies.

CAMILLE, *même jeu.*

Oui mon ami...

MARCELLY, *à part.*

C'est bien drôle... (*Haut.*) Je ferai de la toilette tous les jours... Je serai tout de noir habillé comme le page de M. de Marlborough.

CAMILLE.

Oui mon ami.

MARCELLY.

J'aurai une lorgnette.

CAMILLE.

Oui mon ami.

MARCELLY.

Dans le monde, je serai galant, je danserai ! Je ferai des compliments aux femmes, je leur ferai des impromptus... s'il m'en vient.

CAMILLE, *un peu émue.*

Oui mon ami.

MARCELLY.

Je leur ferai même la cour pour me donner une contenance.

CAMILLE, *de plus en plus émue.*

Oui mon ami...

MARCELLY, *à part.*

Qu'est-ce qu'elle a donc ma femme? (*Haut.*) Je leur baiserai la main si l'occasion s'en présente.

CAMILLE, *retenant ses larmes.*

Oui mon ami.

MARCELLY.

Et enfin je...

CAMILLE, *laissant échapper un mouvement de vivacité.*

Hein?

MARCELLY, *à part, croyant avoir réussi à l'émouvoir.*

Ah!... je savais bien...

CAMILLE, *se levant et jouant le calme.*

Oui mon ami.

MARCELLY, *avec inquiétude.*

Est-ce que tu es malade?

CAMILLE.

Mais non, pourquoi?

MARCELLY.

Pour rien... Ainsi, c'est bien convenu... liberté toute entière.

CAMILLE, *se contenant.*

Oui mon ami.. J'ai reconnu mes torts... un homme doit être libre... je ne te gênerai plus... Tu pourras aller et venir à ton gré... sortir quand tu voudras... As-tu quelque affaire?.. quelque course?... quelque référé?...

MARCELLY.

Non...

CAMILLE.

Eh bien! Que je ne te retienne pas... va, va...

MARCELLY, *étonné.*

Mais...

CAMILLE.

Tu désires peut-être faire un tour de promenade?...

MARCELLY.

Mais pas du tout.

CAMILLE.

Va... Ne t'inquiète pas de moi, je broderai en t'attendant... Va te promener mon ami.

MARCELLY, *à part.*

Elle m'envoie promener.

CAMILLE, *le poussant.*

Va... va...

MARCELLY.

Ah! ça, madame....

CAMILLE.

Tu préfères rester?... reste... Tu désires être seul, peut-être.

MARCELLY.

Mais non.

CAMILLE.

Je te laisse mon ami... adieu... adieu... (*A part.*) Oh! que c'est difficile de jouer la comédie... Courons rejoindre Fernand. (*Elle sort par le fond, à gauche, tout en faisant un signe d'adieu à Marcelly qui la regarde avec stupéfaction.*)

SCENE XIX.

MARCELLY, *seul, puis* GRÉGORET.

MARCELLY, *rêvant.*

Ça n'est pas naturel... Il y a quelque chose là-dessous... on m'a changé ma femme... cette résignation... Cette soumission... et puis... ces éternels : oui mon ami... oui mon.... qui est-ce qui m'a pris la femme que j'avais ce matin?.. Du reste, qu'il la garde... J'aime mieux celle-ci... quoique cependant... Ah! c'est bien drôle!.. Je ne sais pas, mais... (*Se touchant le front.*) J'ai quelque chose là... (*Vivement.*) Ce n'est encore qu'une inquiétude... une inquiétude vague, mais c'est égal..... ça me gêne... (*Rêvant.*) Oui mon ami... Oui mon ami...

GRÉGORET, *entrant.*

Ah! te voilà?... Eh bien, tu es raccommodé avec ta femme?

MARCELLY, *de même.*

Oui mon ami... Hein?... ah! oui.

GRÉGORET.

Tant mieux... entre nous, tu avais tort... tu te plains que la mariée est trop belle... ta femme est jalouse, parce qu'elle t'aime d'abord, et ensuite parce qu'elle est sage...

MARCELLY.

Oui, je sais bien.

GRÉGORET.

Elle ne te pardonne rien, parce qu'elle n'a rien à se faire pardonner c'est clair...

MARCELLY, *un peu troublé.*

Ah!... oui... comme cela si elle avait quelque chose à se faire pardonner?

GRÉGORET.

Oh! mon cher elle ne serait plus du tout la même, plus du tout.

MARCELLY, *inquiet.*

Ça se peut bien.

GRÉGORET.

Moi, je me méfie des femmes trop indulgentes... Elles ont quelque chose à se reprocher généralement. . Il y a des exceptions...

MARCELLY, *vivement.*

Il y en a.

GRÉGORET.

Moi, je n'en connais pas.

[MARCELLY.]

Tu n'en connais pas ?

GRÉGORET.

J'aime une femme qui parle haut, qui épluche la conduite d son mari... Cela prouve qu'elle ne craint pas qu'on épluche la sienne.

MARCELLY, *se grattant l'oreille.*

Ah !... tu crois que quand elle épluche...

GRÉGORET.

Si je me marie, ce sera pour moi le thermomètre de l'amour... Si ma femme devient douce, confiante, d'un agréable commerce, enfin, crac ! je la renvoie à sa famille...

MARCELLY.

Ah ! tu me dis des bêtises...

GRÉGORET.

Mais, mon cher, j'ai cent exemples à te donner... Tiens, justement, Beauregueil, l'huissier, sa femme était comme la tienne, jalouse, emportée, et fidèle, bien entendu... pour moi, c'est une conséquence.

MARCELLY, *très-inquiet.*

Tu m'ennuies...

GRÉGORET.

Beauregueil s'est fâché ; il a déclaré qu'il ne voulait plus d'opposition à ses volontés, qu'il entendait que sa femme fut toujours de son avis.

MARCELLY.

Eh bien ?

GRÉGORET.

A partir de ce moment, elle répondait toujours...

MARCELLY, *frappé d'une idée.*

Oui, mon ami ?

GRÉGORET.

Précisément.

MARCELLY, *marchant avec agitation.*

Oui, mon ami.

GRÉGORET.

Et c'est ce qui a perdu Beauregueil.

AIR de *Voltaire chez Ninon.*

Pour prouver sa soumission,
A tout ce qu'il exigeait d'elle,

Sa femme en toute occasion,
Suivait la formule nouvelle,
Afin de plaire à son mari,
Elle s'en faisait une étude.
Bref, elle a dit si souvent : oui,
Qu'elle en a gardé l'habitude.

MARCELLY, *à part, très-inquiet.*

Et Camille qui, tout à l'heure...

GRÉGORET, *le suivant.*

Eh bien... et Dubief?

MARCELLY.

Tu m'ennuies avec tes histoires.

GRÉGORET.

Dubief...

MARCELLY.

Je te dis que tu m'ennuies...

GRÉGORET.

Dubief!... c'est absolument la même chose : sa femme l'empêchait de sortir, il s'est fâché, et maintenant elle l'envoie se promener...

MARCELLY, *sautant, à part.*

Comme ma femme, tout à l'heure...

GRÉGORET, *riant.*

Et il y va.

MARCELLY, *tragiquement.*

Mais moi je n'y vais pas.

GRÉGORET.

Et pendant ce temps... madame Dubief... Ah! ah! ah!...

MARCELLY, *qui se trouve près de la fenêtre, poussant un cri.*

Ah! ah!...

GRÉGORET.

Quoi donc?...

MARCELLY, *à part.*

Là-bas, derrière cette charmille... Fernand et ma femme... Il la quittait tout à l'heure!... et il semblait joyeux.

GRÉGORET, *effrayé.*

Marcelly!

MARCELLY, *gesticulant.*

Je vois tout... je comprends tout... La résignation de Camille... et ses soupçons... c'était pour détourner les miens.

GRÉGORET, *à part.*

Est-ce qu'il devient fou?

MARCELLY, *de même.*

Quel horrible complot!... quel machiavélisme!... Fernand aime ma femme, qui dit à Angèle de feindre d'aimer Fernand... et Camille m'accuse d'aimer Angèle, afin de cacher son amour pour Fernand, qui me prie de parler à Angèle, pour que je ne me doute pas que lui, Fernand, aime Camille... c'est clair!... c'est horriblement clair !.... (*Il tombe sur un siége.*)

SCENE XX.

LES MÊMES, CAMILLE, FERNAND, ANGÈLE, *puis* GERMAIN.

GRÉGORET, *qui a été au-devant d'eux, bas à Camille.*

Je ne sais pas ce qu'a Marcelly.

CAMILLE.

Ah ! mon Dieu ! (*Elle descend.*)

MARCELLY, *à Grégoret.*

Que lui as-tu dit? hein? Tu l'as prévenue ?

FERNAND, *à Angèle.*

Cette seconde lettre doit lever tous vos scrupules, Madame, et vous pouvez me pardonner. (*Angèle lui tend la main.*)

MARCELLY.

Assez de comédie, je sais tout... (*A Fernand, qui a une fleur à sa boutonnière.*) Qu'est-ce que c'est que ça ?

FERNAND, *baisant les mains d'Angèle.*

C'est l'olivier de la paix.

MARCELLY.

Ce n'est pas vrai... (*A Camille.*) Pourquoi vos accroche-cœurs sont-ils défrisés, madame ? (*S'élançant sur le panier à ouvrage de Camille, que Fernand touche machinalement.*) Qu'est-ce que tu caches là ? (*Il vide le panier à ouvrage, puis saute sur la lettre que Camille tient à la main.*) Donnez-moi cette lettre, Madame !

CAMILLE.

Mais elle appartient à Angèle, qui vient de la recevoir à l'instant.

MARCELLY.

Ce n'est pas vrai. (*Lisant.*) « Ma chère amie, tu peux aimer » M. Fernand ; sa fiancée est l'épouse d'un autre ! » (*A part.*) Fichtre ! j'ai fait une bêtise !

CAMILLE, *avec douceur.*

Mon ami... comprenez-vous la jalousie, maintenant ?

MARCELLY, *embarrassé.*

Certainement... C'est-à-dire que... (*Frappé d'une idée.*) Ah ! (*S'efforçant de rire.*) ah ! ah ! ah !... c'était bien joué, n'est-ce pas ? Tu m'as cru jaloux?

CAMILLE.

Comment?

MARCELLY, *avec aplomb.*

C'était une leçon... J'ai voulu te montrer... Tu vois comme c'est ridicule d'avoir des soupçons.. comme c'est bête d'aller chercher midi à quatorze heures... Tu vois... tu vois...

CAMILLE.

Quoi ! Monsieur, c'était une plaisanterie ?...

MARCELLY.

Oh! mon Dieu! pas autre chose... (*A part.*) Ce n'est pas maladroit.

ANGÈLE, *bas à Camille.*

Il ment; il est jaloux...

CAMILLE, *de même.*

Tant mieux.

GRÉGORET.

Ah! ça me rappelle...

MARCELLY.

Va-t'en au diable avec tes histoires...

GRÉGORET.

Ah! pourtant... celle-là...

MARCELLY.

Tu la conteras à table... quand nous en serons sortis...

GERMAIN, *entrant son paquet sous le bras, à Marcelly.*

Monsieur, comme il n'y a rien à faire ici... vous n'avez pas besoin d'un domestique, et je viens vous prier de me mettre à la porte.

MARCELLY.

Par exemple! J'augmenterais plutôt tes gages.

GERMAIN, *reculant.*

Eh bien, c'est ça qui serait drôle!

ENSEMBLE.

AIR *nouveau.*

Que toujours la défiance,
S'éloigne de notre cœur,
En amour, la confiance
Est la moitié du bonheur.

MARCELLY *s'avance pour chanter au public; Camille s'approche vivement et regarde dans la salle d'un œil scrutateur; Marcelly la rassurant.)*

Je ne connais personne dans la salle; parole d'honneur... Voyons, est-ce que tu vas encore être méchante?

CAMILLE.

Non, mon ami. (*Elle remonte.*)

MARCELLY.

A la bonne heure.

(*Au public.*)

AIR de *Céline.*

La crise me semble apaisée,

Et du mal qui la fait souffrir,
La guérison doit être aisée,
Si vous daignez y concourir.
Du médecin, je sais que la présence,
Pour la malade est d'un heureux secours,
Hâtez donc sa convalescence,
En venant la voir tous les jours.

REPRISE DE L'ENSEMBLE.

Que toujours la défiance, etc.

FIN.

Poissy. — Typographie Arbieu.

www.ingramcontent.com/pod-product-compliance
Ingram Content Group UK Ltd.
Pitfield, Milton Keynes, MK11 3LW, UK
UKHW022146170726
13837UKWH00004B/1807